Los ingenieros

Laura K. Murray

semillas del saber

CREATIVE EDUCATION • CREATIVE PAPERBACKS

Publicado por Creative Education y Creative Paperbacks
P.O. Box 227, Mankato, Minnesota 56002
Creative Education y Creative Paperbacks son marcas
editoriales de The Creative Company
www.thecreativecompany.us

Diseño de Ellen Huber
Producción de Grant Gould
Dirección de arte de Rita Marshall
Traducción de TRAVOD, www.travod.com

Fotografías de Alamy (dbimages, Stocksnapper, H. Mark
Weidman Photography), Getty (Jung Getty/Moment, Monty
Rakusen/Cultura, Ariel Skelley/DigitalVision), iStockphoto
(3DSculptor, andresr, Blade_kostas, BulentBARIS, Georgijevic,
gorodenkoff, grapix, rustemgurier, teekid, vm), Shutterstock
(Jenson, urfin)

ISBN 9781640267039 (library binding)
ISBN 9781682772591 (paperback)
ISBN 9781640008441 (eBook)

LCCN 2022007348

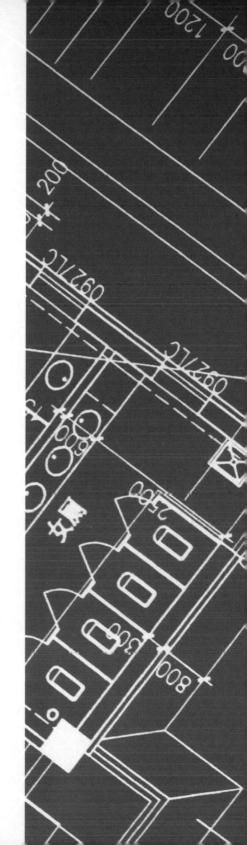

TABLA DE CONTENIDO

¡Hola, ingenieros!

Los ingenieros diseñan y hacen nuevos productos. Algunos construyen caminos y puentes.

Otros diseñan cohetes.

Hay muchos tipos de ingenieros.

Algunos trabajan en oficinas o en laboratorios.

Otros trabajan afuera.

Algunos ingenieros ayudan a construir ciudades.

Ellos se aseguran de que las casas tengan luz y agua. Planean dónde va a ir la basura.

Los ingenieros
hacen que los
edificios sean
seguros contra
los terremotos.

Ayudan a mantener limpios el agua y el aire.

Los ingenieros usan computadoras. Pueden trabajar con grandes camiones o máquinas.

Usan herramientas para saber el tamaño de las cosas.

Los ingenieros hacen preguntas. Hacen planes.

Prueban sus ideas. Trabajan para resolver problemas.

¡Gracias, ingenieros!

Visualiza a un ingeniero

escuadra

plano

computadora

casco de seguridad

regla

lápiz

Palabras para saber

laboratorios: lugares con herramientas especiales para probar una idea en un problema

terremotos: cuando la tierra tiembla

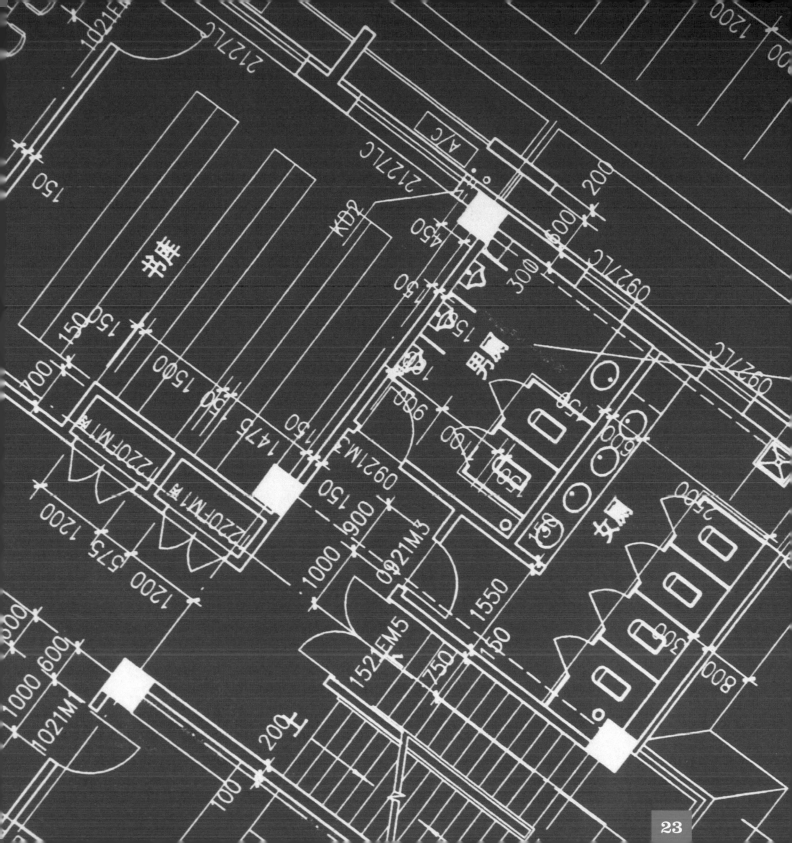

Índice